Klausura.de

Erfolgreich und unabhängiger lernen...

Fachwirt Kompakt

für

Geprüfte Handelsfachwirte IHK

Zusammenfassung & 40 Aufgaben mit Lösungen

Vertriebssteuerung

Michael Fischer, Thomas Weber

Bibliografische Information der Deutschen Nationalbibliothek: Die Deutsche Nationalbibliothek verzeichnet diese Publikation in der Deutschen Nationalbibliografie; detail-
lierte bibliografische Daten sind im Internet über http://dnb.dnb.de abrufbar.

Die automatisierte Analyse des Werkes, um daraus Informationen insbesondere über
Muster, Trends und Korrelationen gemäß §44b UrhG („Text und Data Mining") zu gewinnen, ist untersagt.

© 2025 Klausura-Documents UG (haftungsbeschränkt)

Verlag: BoD · Books on Demand GmbH, Überseering 33, 22297 Hamburg,

bod@bod.de

Druck: Libri Plureos GmbH, Friedensallee 273, 22763 Hamburg

ISBN: 978-3-7693-2369-6

Dieses Buch wurde von erfahrenen Dozenten zusammengestellt, die über viele Jahre Erfahrung in der Ausbildung und Prüfungsvorbereitung zum „Geprüften Handelsfachwirt IHK" verfügen. Die vorliegende Zusammenfassung und die, an Klausuren angelehnten Aufgaben; werden von den Dozenten auch in ihren Unterrichtseinheiten verwendet und bilden somit eine fundamentale Grundlage für Ihre persönliche Prüfungsvorbereitung.

Anhand des Rahmenstoffplans des DIHK werden die einzelnen Kapitel nach Schwerpunkten zusammengefasst und mit zahlreichen Aufgaben ergänzt.

Selbstverständlich können nicht alle Inhalte des Unterrichtsfaches abgedeckt werden, dies ist auch nicht Sinn und Zweck dieses Buches. Es soll Ihnen helfen sich kompakt mit den Schwerpunkten des jeweiligen Faches auseinanderzusetzen und durch das Lösen der Aufgaben an Sicherheit zu gewinnen.

Für die Weiterbildung zum Handelsfachwirt finden Sie in der „Klausura-Reihe" unter www.klausura.de weitere Zusammenfassungen und Aufgaben zu folgenden Fächern:

- ✓ Unternehmensführung und -steuerung
- ✓ Führung, Personalmanagement, Kommunikation und Kooperation
- ✓ Handelsmarketing
- ✓ Beschaffung und Logistik
- ✓ Vertriebssteuerung
- ✓ Handelslogistik
- ✓ Einkauf
- ✓ Außenhandel

Die Inhalte werden mit größtmöglicher Sorgfalt erstellt. Der Anbieter übernimmt jedoch keine Gewähr für die Richtigkeit, Vollständigkeit und Aktualität der bereitgestellten Inhalte.

Aus Gründen der Lesbarkeit wurde im Text die männliche Form gewählt, nichtsdestoweniger beziehen sich die Angaben auf Angehörige aller Geschlechter.

Die Inhalte und die Gliederung richten sich nach dem entsprechenden, aktuellen IHK-Rahmenplan.
Quelle: "IHK Die Weiterbildung" "Rahmenplan mit Lernzielen" DIHK-Verlag.

Inhaltsverzeichnis

Vertriebssteuerung

5.1 Bewerten und Umsetzen von Vertriebs- und Sortimentsstrategien

5.1.1 Entscheidungskriterien für Vertriebsstrategien im Einzel- und Großhandel
Bei der Auswahl der richtigen Vertriebsstrategie sind verschiedene Faktoren zu berücksichtigen. Zu den Einflussfaktoren bei der Wahl der passenden Vertriebsstrategie gehören u.a.:

- wettbewerbsbezogene Faktoren (Anzahl der Wettbewerber)
- sortimentsbezogene Faktoren (Gebrauchs- oder Verbrauchsgüter)
- kundenbezogene Faktoren (Zielgruppe)
- rechtliche Faktoren (Gesetze)
- wirtschaftliche Faktoren (Kaufkraft)

Viele Handelsunternehmen führen in regelmäßigen Abständen eine **Kundenanalyse** mit Hilfe eines Scoring-Modells durch. Anhand des folgenden Beispiels lässt sich das Scoring-Modell (Nutzwertanalyse) am besten verdeutlichen.

Angaben:

- Gewichtungsskala von 0,1 (eher unwichtig) bis 1,0 (sehr wichtig). Die Punktevergabe können Sie frei gestalten
- Kriterien: Qualität der Produkte, Image des Händlers, Preis-Leistungsverhältnis der Artikel und Freundlichkeit der Mitarbeiter

Vorgehensweise:

- Gewichtung der einzelnen Kriterien (subjektiv)
- Vergabe der Punkte (maximal 3)
- Addition der Punkte pro Kriterium
- Multiplikation der Punkte pro Kriterium mit dem Gewichtungsfaktor
- Addition aller Punkte pro Kunde
- Entscheidung für den Kunden mit der höchsten Punktzahl

Kriterien	GWF	K1	GWF x PS	K2	GWF x PS	K3	GWF x PS
Qualität der Produkte	0,9	6	5,4	5	4,5	7	6,3
Image des Händlers	0,6	8	4,8	6	3,6	7	4,2
Preis-L-verhältnis	0,7	2	1,4	7	4,9	3	2,1
Freundlichkeit	0,7	3	2,1	4	2,8	2	1,4
Summe			13,70		15,80		14,00
Rangfolge			3		1		2

GWF = Gewichtungsfaktor; PS = Punktsumme, K = Kunde

5.1.2 Vertriebsstrategie-Konzept

Eines der erfolgreichsten Vertriebskonzepte der letzten Jahrzehnte ist **Franchising**. Franchise stellt eine vertragliche Kooperation zwischen dem Franchisegeber und dem Franchisenehmer dar. Der Franchisenehmer erwirbt gegen Zahlung einer einmaligen und einer monatlichen Gebühr das Recht das Konzept des Franchisegebers zu nutzen. Beispiel für ein erfolgreiches Franchisekonzept ist McDonalds.

Eine weitere Vertriebsstrategie ist die **Kooperation**. Innerhalb der Kooperationsformen wird zwischen vertikalen und horizontalen Gruppen unterschieden

Zu den **vertikalen Kooperationsformen** zählen u.a.:

- Franchising (siehe oben)

- Einkaufsgemeinschaften: Einkaufsgemeinschaften sind Kooperationen von rechtlich selbstständigen Unternehmen, die sich zwecks Volumenerhöhung bzgl. Des Einkaufs zusammentun, um bessere Einkaufskonditionen zu erzielen. Beispiel für Einkaufsgemeinschaften im Handel ist die Markant in Offenburg. Zu Beginn der Einkaufsgemeinschaften handelte es sich um eine reine horizontale Kooperation, die aber durch die Mitgliedschaften von Großhändlern zu einer vertikalen Einkaufsgemeinschaft wurden

Zu den **horizontalen Kooperationsformen** zählen u.a.:

- Werbegemeinschaften: Bei einer Werbegemeinschaft handelt es sich um eine horizontale Kooperationsform, in der sich Unternehmen gleicher Branche zusammenschließen, um gemeinsam Werbung zu betreiben und damit günstigere Werbekosten für jedes Unternehmen zu generieren und ein breiteres Publikum (Kunden) ansprechen zu können

- City-Management: Bei einem City-Management handelt sich um eine horizontale Kooperation, bei der sich mehrere Einzelhändler zusammentun, um den Standort gemeinsam zu fördern und durch attraktive Events Kunden an den Standort zu holen (einheitliche Öffnungszeiten, Tag der offenen Tür…)

Moderne Vertriebsstrategien sind:

- Multi-Channel-Strategie
- Cross-Channel-Strategie
- Omni-Channel-Strategie

Multi-Channel-Strategie: Multi-Channel ist der Vertrieb an Endkunden unter Nutzung mehrerer Vertriebswege. Nutzen Groß- oder Einzelhandelsunternehmen gleichzeitig mehrere unterschiedliche Vertriebswege und/oder Betriebsformen, wird dies als **Multi-Channel-Strategie** bezeichnet. Dabei können verschiedene Vertriebswege miteinander verbunden (**Integrationsstrategie**) oder separat voneinander genutzt werden (**Separationsstrategie**).

Cross-Channel-Strategie: Cross-Channel ist eine Variation, bzw. Erweiterung der Multi-Channel-Strategie, indem die unterschiedlichen Vertriebswege miteinander verknüpft werden.

Omni-Channel-Strategie: Die Weiterentwicklung der Cross-Channel-Strategie ist die Omni-Channel-Strategie, bei der durch sogenannte „Touchpoints" die einzelnen Vertriebskanäle ineinander verschmelzen.

5.1.3 Ausdifferenzierung der Vertriebsstrategien unter dem Aspekt Kundengewinnung bzw. -bindung

5.1.3.1 Customer Relationship Management
In vielen Unternehmen gewinnt das „Custom-Relationship-Management" immer mehr an Bedeutung. Unter dem CRM-System (Custom Relationship Management) wird ein Kundenbindungssystem verstanden, in dem die Daten der Kunden erfasst und für Kundenbindungsmaßnahmen genutzt werden. Hierzu zählen ein Beschwerdemanagement, Bonuskarten, Geburtstagsglückwünsche oder eine Kundenkarte für verbilligte Einkäufe.

Instrumente des CRM sind u.a.:

- Kundenkarte
- Geburtstagsglückwünsche
- VIP-Prozente
- Beschwerdemanagement
- …

5.1.3.2 Unique Selling Proposition - Alleinstellungsmerkmal
Um erfolgreich Kundengewinnung, bzw. Kundenbindung betreiben zu können, sollte das Unternehmen sich von anderen Unternehmen der gleichen Branche abheben, d.h. über ein sogenannten USP verfügen.

Hinter den Buchstaben **USP (Unique Selling Proposition)** versteckt sich das sogenannte Alleinstellungsmerkmal. Ziele des USP sind u.a.:

　

- Abheben vom Wettbewerb (etwas Besonderes haben, was andere nicht oder nicht in der entsprechenden Ausprägung haben)
- Imagesteigerung
- Kundenbindung
- …

5.1.3.3 Marktsegmentierung

Unter einer **Marktsegmentierung** versteht man die Zerlegung eines heterogenen Gesamtmarktes in homogene Teilmärkte.

Märkte lassen sich anhand verschiedener Marktsegmentierungskriterien zerlegen.

- **soziodemografisch:** Alter, Geschlecht, Einkommen Beruf, Familienstand…
- **geografisch:** regional, überregional, national, international, global…
- **psychografisch:**
    - Persönlichkeitsstruktur: Risikobereitschaft, Innovationsaffinität…
    - Kaufverhalten: Kaufkraft, Markentreue…
    - Kaufverhaltensreaktion: Qualitätsbewusstsein, Preissensibilität…

Die Marktsegmentierung läuft in drei Stufen ab:

1. Festlegung der einzelnen Segmente.
2. Auswahl der zu bearbeitenden Segmente.
3. Anpassung der Marketing-Instrumente auf das jeweilige zu bearbeitende Segment.

Aus der Marktsegmentierung heraus lassen sich drei Marktsegmentierungsstrategien (Marktbearbeitungsstrategien) ableiten:

Differenzierte Marktbearbeitungsstrategie

Aufteilung des Gesamtmarktes in Teilmärkte und Anwendung der angepassten Marketing-Mix Instrumente auf die unterschiedlichen Teilmärkte.

Undifferenzierte Marktbearbeitungsstrategie

keine Aufteilung des Gesamtmarktes in Teilmärkte. Die Anwendung der Marketing-Mix Instrumente erfolgt für den Gesamtmarkt und enthält keine Spezifizierung.

Konzentrierte Marktbearbeitungsstrategie

Aufteilung des Gesamtmarktes in Teilmärkte und Anwendung der Marketing-Mix Instrumente auf nur ein einziges Marktsegment (Nischenstrategie).

5.1.3.4 Key-Account-Management

Das Key-Account-Management beschäftigt sich in seiner Gänze mit wichtigen Kunden für das Unternehmen (Schlüsselkunden = key). Hier wird auf eine langfristige Zusammenarbeit Wert gelegt.

5.1.4 Sortimentsstrategien unter Berücksichtigung von Hersteller- und Handelsmarken

5.1.4.1 Category-Management

Sortimentsstrategien werden nicht mehr ausschließlich über den Handel bestimmt, sondern in Absprache mit den Herstellern und den Kundenwünschen geplant und umgesetzt. Somit existiert eine direkte Verbindung zwischen Hersteller und Handel. Das Category-Management spiegelt diese Gegebenheiten am besten wider. **Category Management (CM)**, auch **Warengruppenmanagement** genannt, ist die nach Warengruppen strukturierte Einteilung des vorhandenen Sortiments des Unternehmens im stationären Einzelhandel. Entscheidend für die Einteilung der Kategorien ist die Sichtweise des Kunden. Daher bezeichnet man das CM auch als **endverbraucherorientiertes Prinzip.** Hier werden also sinnvolle Sortimente aufgestellt und analysiert. Das Category-Management ist aber nicht nur allein Aufgabe des Handels, der Hersteller hat ebenfalls großes Interesse an einem erfolgreichen Warengruppenmanagement. Category-Manager beschäftigen sich mit der Schnittstelle des Handels und der Hersteller, um eine erfolgreiche Sortimentspolitik zu betrieben. Hierbei werden Sortimente nach den Bedürfnissen der Kunden zusammengestellt und im Handel vermarktet.

Der Category Manager die gesamte Verantwortung für eine Warengruppe vom Einkauf bis zum Verkauf. Er ist das Bindeglied zwischen Hersteller und Handel.

Die Kernaufgaben des Category Managements sind:

- effiziente **Sortimentsgestaltung** (Efficient Store Assortment)
- effiziente **Verkaufsförderung** (Efficient Promotion)
- effiziente **Produkteinführung** (Efficient Product Introduction)
- zentrale Aufgabe ist die Sortimentsgestaltung

Im **Category-Management** werden Strategien für die Zusammensetzung der Sortimente entwickelt und affine Warengruppen zusammengefügt. So werden neben Konserven auch Haushaltshelfer (Dosenöffner...) platziert oder neben Fitnessgeräten auch Energie-Produkte (Energy-Nahrung, Energy-Getränke...) präsentiert.

Die Phasen des Category-Management-Prozesses lauten:

- Definition der Warengruppe
- Präsentation der Sortimente aus der Warengruppe
- Wirtschaftlichkeit der Warengruppe (Umsatz, Deckungsbeitrag, Gewinn)
- Festlegung der Warengruppenstrategie
- Umsetzung der vereinbarten Maßnahmen zwischen Hersteller und Handel
- Kontrolle der Umsetzung und des Erfolgs

5.1.4.2 Vertikale Absatzkanalstruktur - direkter und indirekter Vertrieb

Die beiden großen Felder der Distributionspolitik sind der direkte und der indirekte Vertrieb.

Von einem **direkten Vertrieb** spricht man, wenn zwischen Hersteller und Endverbraucher niemand mehr dazwischengeschaltet ist, d.h. es besteht ein direkter Kontakt des Herstellers zum Kunden.

Beispiel des direkten Vertriebs sind der Handelsreisende, das Factory-Outlet oder die hauseigene Messe.

<u>Vorteile des direkten Vertriebs:</u>
- direkter Kontakt zum Kunden und somit eine direkte Aufnahme der Kundenwünsche
- freie Preisgestaltung
- ...

<u>Nachteile des direkten Vertriebs:</u>
- sehr zeitaufwendig
- sehr kostenintensiv
- kaum überregionale oder internationale Abdeckung des Marktes möglich
- ...

Beim **indirekten Vertrieb** sind bewusst sogenannte Absatzmittler (Einzel- und Großhandel) oder Absatzhelfer (Handelsvertreter) zwischen den Hersteller und den Kunden geschaltet. Es besteht somit, gewollt, kein direkter Kontakt mit dem Kunden.

<u>Vorteile des indirekten Vertriebs:</u>
- Ubiquität
- kaum organisatorischer Aufwand
- wenig zeitintensiv

<u>Nachteile des indirekten Vertriebs</u>:
- kein direkter Kundenkontakt
- kaum Einfluss auf die Preisgestaltung des Händlers
- …

5.1.4.3 Horizontale Absatzkanalstruktur

Die horizontale Absatzkanalstruktur unterscheidet drei Arten von Vertrieb, den Selektiv-Vertrieb, den Exklusiv-Vertrieb und die Ubiquität.

Selektiv-Vertrieb: Die Auswahl der Vertriebsstätte erfolgt anhand verschiedener Kriterien (Größe der Fläche, Personal vor Ort, restliche Sortimentsstruktur etc.)

Exklusiv-Vertrieb: Die Auswahl der Vertriebsstätte wird an verschiedene Kriterien geknüpft, die vom Anspruch her deutlich höher sind, als beim Selektiv-Vertrieb. Hierzu zählen: ausgebildetes Fachpersonal, sehr gute Lage des Geschäfts etc. Der Exklusivvertrieb findet sehr häufig im Luxussegment Anwendung.

Ubiquität: Massendistribution, die Produkte des Herstellers sind überall erhältlich.

5.1.4.4 Hersteller- und Handelsmarken

Bei **Herstellermarken** handelt es sich um die klassischen Marken von Unternehmen, die sich durch ein eher hohes Preisniveau, einen hohen Bekanntheitsgrad, eine Überallerhältlichkeit (Ubiquität) und das Logo des Herstellers auszeichnen.

Beispiele für die Herstellermarken: Coca-Cola, Mars, Persil…

Die **Handelsmarke** (Eigenmarke) hingegen weist folgende Eigenschaften auf:

- sie sind ausschließlich beim jeweiligen Händler erwerbbar, also keine Ubiquität
- Qualitätskontrolle erfolgt nur über den Händler
- freie Preisgestaltung des Händlers, da kein Wettbewerb
- …

Beispiele für die Handelsmarken: „Ja" bei Rewe, „TIP" bei Real, „Gut und günstig" bei Edeka…

5.1.4.5 Markenstrategien

Innerhalb der Herstellermarken lassen sich mehrere Markenstrategien unterscheiden.

Einzelmarkenstrategie: Jedes Produkt des Herstellers wird unter einer eigenen Marke angeboten. Beispiel: Pampers.

Mehrmarkenstrategie: Bei der Mehrmarkenstrategie werden mehrere (mindestens zwei) Produkte (Marken) vom Hersteller in einem Marktsegment positioniert. Beispiel: Lätta & Rama oder Chantre & Mariacron

Dachmarkenstrategie: Bei der Dachmarkenstrategie ist das Unternehmen selbst eine Marke und die einzelnen Produkte des Unternehmens (jedes Produkt für sich kann eine Marke sein) werden unter der Dachmarke des Unternehmens zusammengefasst. Beispiel: Volkswagen, Ratiopharm

Familienmarkenstrategie: Bei der Familienmarke werden die einzelnen Produkte unter dem Familiennamen angeboten. Das Unternehmen bleibt eher im Hintergrund. Beispiel: Nivea von Beiersdorf

5.1.4.6 Scoring-Modelle

Scoring-Modelle sind für die Hersteller von elementarer Bedeutung, da sie Aufschluss über Herstellkosten geben und somit eine entscheidende Rolle in der Preispolitik gegenüber dem Kunden (Handel) spielen. Scoring Modelle lassen sich nach folgenden Kriterien unterteilen:

- Lieferanten-Anzahl
- Herkunft der Lieferanten
- Anzahl der einzelnen Bauteile
- Einzeln oder gemeinsam einkaufen

Lieferanten-Anzahl:
- Single-Sourcing (die notwendigen Komponenten werden bei einem Lieferanten bezogen)
- Double-Sourcing (die notwendigen Komponenten werden bei zwei Lieferanten bezogen, die sich im Konkurrenzkampf befinden)
- Multiple-Sourcing (die notwendigen Komponenten werden bei mehreren Lieferanten bezogen, was einen ständigen Lieferantenwechsel mit sich bringt)

Herkunft der Lieferanten:
- Local-Sourcing (die notwendigen Komponenten werden in der eigenen Region eingekauft)
- Domestic-Sourcing (die notwendigen Komponenten werden landesweit eingekauft)
- Global-Sourcing (die notwendigen Komponenten werden weltweit eingekauft)

Anzahl der einzelnen Bauteile:
- Unit-Sourcing (die benötigten Komponenten werden von unterschiedlichen Lieferanten bezogen und anschließend im eigenen Unternehmen zum Endprodukt zusammengebaut)
- Modular-Sourcing (die benötigten Komponenten werden als Module bei wenigen Lieferanten bezogen und anschließend im eigenen Unternehmen zum Endprodukt zusammengebaut)

Einzeln oder gemeinsam einkaufen:
- Individual-Sourcing (die benötigten Komponenten werden vom Unternehmen im Alleingang am Beschaffungsmarkt erworben, d.h. es erfolgt eine eigenverantwortliche Beschaffung)
- Collective Sourcing (die benötigten Komponenten werden vom Unternehmen im Verbund mit anderen Unternehmen am Beschaffungsmarkt erworben, d.h. es erfolgt eine gemeinschaftliche Beschaffung)

5.1.5 Sortimentsstrategien nach Berücksichtigung der Ziele der Kundengewinnung und der -bindung

Der ständige Wandel der Angebotspolitik hat auch unmittelbaren Einfluss auf die Programmentwicklung eines Unternehmens. Unterschieden werden:

- Produktdifferenzierung
- Produktvariation
- Produktneuheit
- Produktdiversifikation
- Produkteliminierung

Produktdifferenzierung: Bei der Produktdifferenzierung erfolgt die Erweiterung des Sortimentes. Beispielsweise wird zu dem bestehenden Sortiment von Deo-Sticks noch die Duftrichtung „Ultra Frisch" hinzugenommen.

Produktvariation: Bei der Produktvariation hingegen wird das bestehende, vielleicht veraltete Produkt, aus dem Sortiment entfernt und durch ein neues, aktuelles Produkt ersetzt. Beispiel: Der Deo-Stick „Herbst" wird durch den Deo-Stick „Sommerfrische" ersetzt.

Produktneuheit: Man spricht von einer Produktneuheit oder auch von einer Produktinnovation, wenn es sich entweder um ein neues Produkt handelt, welches zum ersten Mal auf dem Markt angeboten wird, wie damals bei der Erst-Präsentation des Smartphones oder um die Einführung eines Produktes, welches nur für das Unternehmen neu ist, dieses Produkt aber bereits auf dem Gesamtmarkt existiert. Beispielsweise die Vermarktung von Abenteuer-Textilien unter der Zigarettenmarke „Camel".

Produktdiversifikation: Als Produktdiversifikation gilt die Erweiterung des eigenen Sortimentes zur Erschließung neuer Märkte. Bei der Produktdiversifikation werden die horizontale (Produkte der gleichen Stufe), die vertikale (Produkte, die entweder vor- oder nachgelagert sind) und die laterale (Produkte, die nichts miteinander zu tun haben) Form unterschieden.

Produkteliminierung: Unter einer Produkteliminierung versteht man die Anpassung des Produktportfolios und die damit verbundene Reduzierung der Artikel. Gründe für die Reduzierung können nicht mehr marktgerechte Produkte oder ein zu breit aufgestelltes Sortiment sein.

5.2 Planen und Durchführen von Maßnahmen zur Flächenoptimierung

5.2.1 Kundenlaufstudien

Bei der Kundenlaufstudie handelt es sich um eine Form der Beobachtung (primäre Marktforschung), wie der Kunde die Warenbereiche auf seinem Weg durch den Verkauf kontaktiert, d.h. welcher Gang wird stark und welcher Gang weniger stark frequentiert. Es wird der Laufweg des Kunden analysiert.

Eine Bondatenanalyse ist eine Warenkorbanalyse, bei dem untersucht wird, welche Artikel der Kunde gekauft hat, d.h. in seinem Warenkorb enthalten sind.

Mithilfe von Kundenlaufstudien und Bonanalysen gewinnt man wertvolle Hinweise, wie die Verkaufsfläche optimiert werden kann. Das Ergebnis der Maßnahmen mündet in eine höhere Flächenproduktivität. Bonanalysen werden in

- quantitative Bonanalyse (Ermittlung der Umsatzhöhe)
- qualitative Bonanalyse [Verbundeinkäufe, Analyse des Warenkorbes (was kauft der Kunde)])

unterteilt und tragen somit einen bedeutenden Anteil zur Sortimentszusammensetzung, d.h. der Platzierung der einzelnen Artikel, bei.

5.2.2 Ergebnisse der Kundenlaufstudie

Ergebnisse, die aus einer Kundenlaufstudie gewonnen werden können sind u.a.:

- Anordnung der Waren
- Festlegung der Wegeführung
- Festlegung der Ware auf Gondelköpfen
- Platzierung der Key-Sortimente (im Lebensmitteleinzelhandel: Obst & Gemüse, Theken, Molkereiprodukte, H-Milch…)

5.2.3 Verkaufsraumgestaltung

5.2.3.1 Warenanordnung

Die Verkaufsflächengestaltung sollte im Handel so vorgenommen werden, dass der Kunde das Einkaufen erleichtert wird.

Drei Formen der Warenanordnung können sein:

- **Warenanordnung mit der Möglichkeit der Vergleichbarkeit:** Ähnliche Produkte oder Produktgruppen werden nebeneinander platziert
- **Warenanordnung mit einfachem Suchaufwand:** Die einzelnen Artikel werden so angeordnet, dass der Kunde diese direkt findet. Hierzu zählt die übersichtliche und logische Anordnung der Produkte
- **Warenanordnung für einfaches Einkaufen:** Dem Kunden wird das Einkaufen erleichtert, wenn Wartezeiten möglichst kurzgehalten werden und breite Gänge ohne Hindernisse (Paletten) das „Rangieren" mit dem Einkaufswagen ohne Hindernisse möglich ist

Im Zusammenhang mit der Verkaufsraumgestaltung und der Warenanordnung tauchen immer wieder folgende Begriffe auf:

- Arena-Prinzip
- Zweitplatzierung
- Aktionsplatzierung

Unter dem **Arena-Prinzip** versteht man eine Form der Warenanordnung, bei der die Aufbauten vorne (zum Gang hin) flachgehalten werden und nach hinten ansteigen. Am Ende der Warenanordnung, nach dem Arena-Prinzip, werden die Rückwände mit den Produkten gefüllt.

Zweitplatzierung: Artikel werden neben ihrem angestammten Platz im Sortiment, in einem anderen Bereich „zweitplatziert", um dort Umsätze zu generieren. Beispiel: Energy-Drinks werden bei den Fitnessgeräten platziert.

Aktionsplatzierung: Artikel werden für ein für einen begrenzten Zeitraum (Aktionswoche) auf einer gesonderten Fläche (Aktionsfläche) präsentiert, meist in Verbindung mit einer dementsprechenden Werbung.

5.2.3.2 Entscheidungsgrundlagen der Verkaufsraumgestaltung
„Das Auge kauft mit"! Je nach Betriebsform ist es mit einer schlichten Warenpräsentation heutzutage nicht mehr getan. Der Kunde will animiert und unterhalten werden.

Somit existieren mehrere Entscheidungsgrundlagen nach denen Verkaufsräume gestaltet werden.

- **Platzierung:** Wo wird was platziert?
- **Regalierung:** Welche Wer bekommt welchen Regalplatz?
- **Fläche:** Welcher Warenbereich bekommt welche Fläche?

Diese Entscheidungsgrundlagen werden von externen, aber auch von zahlreichen internen Faktoren mehr oder minder stark beeinflusst.

Externe Faktoren:
- Lieferantenerwartungen
- Kundenerwartungen
- Verkaufsraumgestaltung des Wettbewerbs
- …

Interne Funktionen:
- Verkaufsphilosophie des Unternehmens
- Form und Höhe des Warenträgers
- …

Funktionen eines Warenträgers:
- Lagerfunktion
- Präsentationsfunktion
- Informationsfunktion
- …

Als Warenträger stehen zur Verfügung:
- Rückwände
- Podeste
- Pyramiden
- Schütten
- Rundständer
- Vitrinen

5.2.4 Maßnahmen des Visual Merchandising

Fühlt sich der Kunde in der Einkaufstätte wohl, steigt in der Regel auch die Kundenbindung und die Kaufbereitschaft. Zu den Gestaltungselementen eines erfolgreichen Visual Merchandising gehören:

- angenehme Temperatur
- wohlklingende, zu dem Sortiment passende Musik
- ansprechende Farbgestaltung
- wohlriechende Düfte
- passendes Licht, fokussiert auf die Ware, optimale Ausleuchtung der Fläche
- funktionelle, moderne Warenträger
- ...

Düfte und Musik (Klänge), in Verbindung mit farbiger Gestaltung sprechen die Sinne des Kunden an!

Für das Gestalten des Verkaufsraumes (Visual Merchandising) existieren mehrere Ansätze:

- Gestalten des Verkaufsraumes nach Themen (Weihnachten, Oktoberfest...)
- Gestalten des Verkaufsraumes nach Kundenbedürfnissen
- Gestalten des Verkaufsraumes nach Farben
- Gestalten des Verkaufsraumes nach Sinnen (olfaktorisch, haptisch, auditiv und visuell)
- ...

5.2.5 Ertrags- und umsatzoptimierte Flächenaufteilung

Bei der Flächenaufteilung sollten folgende Flächen berücksichtigt werden:

- Lagerfläche
- Verkaufsfläche
- Servicefläche
- Fläche für Ruhezonen

Ein Begriff, der bei der Flächenaufteilung und der Integration von Flächen eine große Rolle spielt, ist das „Shop in Shop-Konzept".

Unter einem **Shop in Shop-System** versteht man einen durch moderne Warenträger abgegrenzten Raum, in dem die Industrie das eigene Konzept auf der Fläche des Händlers umsetzt.

Beispiele hierfür sind Esprit-Shops, Adidas-Stores, Fissler- oder WMF-Shops.

Anhand von Kennzahlen lassen sich Flächen optimieren. Ausgewählte Kennzahlen zur Flächenoptimierung können sein:

- Umsatz pro Quadratmeter
- Deckungsbeitrag pro Quadratmeter

5.3 Berücksichtigen von Kundenbedürfnissen und Kundenverhalten bei Vertriebs- und Beschaffungsprozessen

5.3.1 CRM-Strategie

Unter dem CRM-System (Custom Relationship Management) wird ein Kundenbindungssytem verstanden, in dem die Daten der Kunden erfasst und für Kundenbindungsmaßnahmen genutzt werden.

Hierzu zählen ein Beschwerdemanagement, Bonuskarten, Geburtstagsglückwünsche oder eine Kundenkarte für verbilligte Einkäufe.

Instrumente des CRM sind u.a.:

- Kundenkarte
- Geburtstagsglückwünsche
- VIP-Prozente
- Beschwerdemanagement

5.3.1.1 Erfassung von Kundenreaktionen beim Vertriebsprozess

Bestandteil des CRM ist das Reklamationsmanagement, welches sich in direktes und indirektes Beschwerdemanagement unterteilt.

Direktes Beschwerdemanagement: Die Beschwerde erfolgt unmittelbar zwischen Händler und Kunde.

Beispiele:

- unmittelbar beim Mitarbeiter
- unmittelbar bei der Geschäftsleitung
- direkt über das Kundencenter
- direkt bei der Reklamationsabteilung
- ...

Indirektes Beschwerdemanagement: Bei indirekten Beschwerdemanagement erfolgt kein direkter Kontakt zum Kunden.

Beispiele:

- Bei welchen Artikeln häufen sich die Beschwerden?
- Was sind die häufigsten Beschwerdeformen (mündlich oder schriftlich)?
- Wo schlagen die meisten Reklamationen auf (Mitarbeiter, Kundenservice...)?
- Gibt es warenbezogene oder personenbezogene Beschwerden?
- ...

5.3.1.2 Maßnahmen zur Verbesserung der Prozessqualität

Dem Handel stehen zahlreiche Möglichkeiten die Kommunikation mit dem Kunden zu verbessern offen

Folgende Möglichkeiten stehen dem Handel u.a. zur Verfügung:

1. **Homepage:** Die Homepage des Handelsunternehmens bietet zahlreiche Informationen, zusätzlich zum Sortiment, wie beispielsweise Herkunftsland der Artikel, Produktionsstandards oder Informationen zum Thema Fair Trade... an.

2. **Newsletter:** Das Handelsunternehmen veröffentlicht monatlich einen Newsletter, in diesem wird über aktuelle Themen, rund um den Handel, informiert.

3. **Social Media:** Das Handelsunternehmen bietet über soziale Medien (Facebook, WhatsApp...) dem Kunden die Möglichkeit mit dem Unternehmen unmittelbar in Kontakt zu treten.

4. **Hotline:** In dringenden Fällen kann sich der Kunde direkt und kostenlos (so sollte es sein) an das Unternehmen wenden und erhält Antworten und Lösungen zu seinen Problemen.

5.3.2 Prozess des Category-Management im Unternehmen

Das Handelsunternehmen kann durch folgende Maßnahmen die Prozesse im Category-Management optimieren.

1. Optimierung der Kundenbedürfnisse durch den Handel und den Hersteller.

2. Verstärkung des Erlebniseffektes beim Einkauf durch den Kunden durch Bereitstellung von Eventutensilien durch den Hersteller und zielgerichtete Umsetzung durch den Handel.

3. Stärkeres Herausstellen der Zusammenarbeit von Hersteller und Handel bei der Vermarktung der Produkte und der Durchführung der gemeinsamen Aktivitäten.

4. Ausbau der gemeinsamen Saisonaktivitäten durch die Festlegung eines gemeinsamen Aktivitäten-Planes.

5. Gemeinsame Optimierung bei erklärungsbedürftigen Produkten, um Reklamationen zu minimieren.

5.4 Beurteilen und Umsetzen der absatzbezogenen Preis- und Konditionenpolitik

5.4.1 Preispolitische Strategien im Handel

Um sich am Markt mit einer erfolgreichen Preispolitik zu etablieren, stehen den Unternehmen mehrere Optionen zur Verfügung. Unter anderem zählen bei der Einführung von Produkten die „Skimming-Strategie" und die „Penetrations-Strategie" dazu.

Skimming-Strategie: Die Skimming-Strategie setzt bei Markteinführung des Produktes einen hohen Preis an, der nach einer gewissen Zeit sukzessiv gesenkt wird. Das Ziel dieser Preisstrategie besteht darin die hohen Entwicklungskosten zumindest teilweise durch die hohen Verkaufspreise am Anfang wieder zu verdienen. Beispiel: Verkauf von Elektronik-Artikeln

Penetrationsstrategie: Die Penetrationsstrategie setzt auf den gegenteiligen Effekt. Hier wird der Einführungspreis möglichst niedrig angesetzt, um Marktanteile zu gewinnen. Später wird der Verkaufspreis dann sukzessive angehoben. Beispiel: Sammlereffekt, die ersten Modellbauteile werden mit der entsprechenden Zeitschrift sehr günstig angeboten, aber nach dem zweiten oder dritten Modellbauteil wird der Preis deutlich erhöht.

Weiterhin wird innerhalb der Preispolitik zwischen der „Konkurrenzorientierten Preispolitik", der „Kostenorientierten Preispolitik" und der „Nachfrageorientierten Preispolitik" differenziert.

- **Konkurrenzorientierte Preispolitik:** Die Verkaufspreise orientieren sich an den verlangten Verkaufserlösen des Wettbewerbs.
- **Kostenorientierte Preispolitik:** Die Verkaufspreise orientieren sich an der eigenen Kostenstruktur (klassische Kalkulation mit Voll- und Teilkostenrechnung).
- **Nachfrageorientierte Preispolitik:** Die Verkaufspreise orientieren sich an den Kundenvorstellungen, bzw. an der Kundennachfrage.

5.4.1.1 Preisvariation und Preisdifferenzierung

Preisvariation: Bei einer Preisvariation handelt es sich um eine Preissenkung oder eine Preisanhebung, mit der Intention den neuen Preis für einen gewissen Zeitraum beizubehalten (gleiche Zielgruppe, beispielsweise Happy Hour).

Preisdifferenzierung: Die Preisdifferenzierung bezieht sich auf unterschiedliche Preise für das gleiche Produkt (bei unterschiedlichen Zielgruppen). Hierbei können verschiedene Arten der Preisdifferenzierung unterschieden werden:

- **Zeitliche Preisdifferenzierung:** Preise für einen Sommerurlaub in der Hauptreisezeit und Preise für eine Urlaubsreise an den gleichen Ort, außerhalb der Ferienzeiten.
- **Räumliche Preisdifferenzierung:** Eine Eigentumswohnung in New York ist teurer, als eine Eigentumswohnung in der Lüneburger Heide.
- **Mengenmäßige Preisdifferenzierung:** Unterschiedliche Stückpreise bei unterschiedlichen Abnahmemengen.
- **Persönliche Preisdifferenzierung:** Rentnerrabatte, Schülerermäßigung, Familienrabatte…, beispielsweise bei Preisen für Eintrittskarten in Ferienparks.

5.4.1.2 Preislagenstrategien -Preispositionierung

Bei einer preispolitischen Positionierung stehen dem Unternehmen drei Möglichkeiten zur Verfügung:

- Hochpreistrategie
- Mittelpreistrategie
- Niedrigpreisstrategie

5.4.1.3 Psychologische Preisgestaltung

Unter einer **psychologischen Preisgestaltung** versteht man die bewusste Unterschreitung von Preisschwellen. Beispiel: Anstelle eines Verkaufspreises von 10,00€ wir der Preis auf 9,99€ festgelegt, um zu generieren, dass der Artikel unter 10,00€ kostet, was eher zum Kauf anregt, als 10,00€ oder 10,01€, obwohl der Preis nur um 2 Cent höher ist.

5.4.2 Konditionenpolitische Strategien

Zu den konditionenpolitischen Strategien gehören:

- Nachverhandlungen
- Lieferantenanforderungen
- Kulanz

Unter **Kulanz** versteht man das freiwillige Entgegenkommen des Händlers gegenüber dem Kunden, wenn es um Beanstandungen des Kunden geht.

5.4.3 Konditionenpolitische Instrumente

Lieferungs- und Zahlungsbedingungen sind u.a.:

- Lieferung frei Haus
- Zahlungsziel gegenüber dem Kunden
- Lieferantenziel gegenüber dem Kunden
- Gewähren von Skonto
- Eigentumsvorbehalt, bis die Gesamtlieferung bezahlt ist
- …

5.4.4 Integration von Preis- und Konditionenpolitik

Die Preis- und Konditionenpolitik ist eines der wichtigsten Instrumente, um die Kaufentscheidung des Kunden zu beeinflussen, aber es sind nicht die einzigen Entscheidungskriterien.

Kriterien zur Kaufentscheidung in Verbindung mit der Preis- und Konditionenpolitik:

- Service
- Liefertreue
- Garantieleistungen
- Zuverlässigkeit
- hohe Qualität der Produkte
- …

22

<u>Aufgaben mit Lösungen!</u>

Aufgabe 1

Bei der Auswahl der richtigen Vertriebsstrategie sind verschiedene Faktoren zu berücksichtigen. Nennen Sie drei dieser Kriterien und geben Sie für jeden Faktor ein Beispiel an.

Aufgabe 2

Die Wert-GmbH hat sich die Aufgabe gestellt alle zwei Jahre eine Kundenanalyse durchzuführen. Sie als angehender Fachwirt werden von der Geschäftsleitung beauftragt, anhand der u.a. Kriterien ein Kunden- Scoring durchzuführen. Verwenden Sie bei dem Kunden-Scoring eine Gewichtungsskala von 0,1 (eher unwichtig) bis 1,0 (sehr wichtig). Die Punktevergabe können Sie frei gestalten.

Kriterien: Qualität der Produkte, Image des Händlers, Preis-Leistungsverhältnis der Artikel und Freundlichkeit der Mitarbeiter.

Es können maximal 3 Punkte pro Person vergeben werden. Insgesamt nehmen 20 Führungskräfte an der Nutzwertanalyse teil, so dass in der Summe 60 Punkte verteilt werden können. Die Teilnehmer können alle drei Punkte für ein Kriterium vergeben oder zwei für eines und einen Punkt für ein anderes Kriterium. Ebenso können die Punkte auch einzeln, d.h. drei Kriterien bekommen je einen Punkt, aufgeteilt werden.

Die Punktevergabe kann in dieser Aufgabe willkürlich vorgenommen werden, es muss jedoch daran gedacht werden, dass genau 60 Punkte zu vergeben waren.

Aufgabe 3

Führen Sie mit folgenden Daten eine ABC-Analyse durch.

Artikel	Menge	Preis	Wert in €	%- Anteil	Rang	Artikel	% kumuliert	A,B,C- Artikel
R	7.000	2,56 €			1			
S	6.000	1,88 €			2			
T	5.000	3,27 €			3			
U	4.000	5,68 €			4			
V	3.000	8,24 €			5			
W	2.000	4,96 €			6			
X	1.000	7,24 €			7			
Summe				100%			100%	

Nehmen Sie die Klassifizierung wie folgt vor:

    A-Artikel bis 70%

    B-Artikel von 70 % - 90%

    C-Artikel von 90% - 100%

Aufgabe 4

Franchise

Erklären Sie das Vertriebskonzept „Franchise".

Aufgabe 5

Vertikale und horizontale Kooperation

Innerhalb der Kooperationsformen wird zwischen vertikalen und horizontalen Gruppen unterschieden.

Nennen und erläutern Sie je zwei Formen vertikaler und horizontaler Kooperation.

Aufgabe 6

Multi-Channel, Cross-Channel und Omni-Channel

Im E-Commerce werden verschiedene Vertriebsstrategien eingesetzt. Hierzu gehören u.a. die Cross-Channel-Strategie und die Omni-Channel-Strategie.

Erläutern Sie diese zwei Strategiemodelle.

Aufgabe 7

Customer-Relationship-Management

In vielen Unternehmen gewinnt das „Customer-Relationship-Management" immer mehr an Bedeutung.

Erklären Sie, was darunter zu verstehen ist und geben Sie zwei Instrumente des CRM an.

Aufgabe 8

USP

Stellen Sie dar, was unter den Abkürzungen USP zu verstehen ist und nennen Sie drei Ziele des USP.

Aufgabe 9

Marktsegmentierung

Innerhalb der Marktbearbeitung werden die differenzierte, die undifferenzierte und die konzentrierte Marktbearbeitungsstrategie unterschieden.

Grenzen Sie alle drei Strategien voneinander ab. Gehen Sie im Vorfeld auf den Begriff der Marktsegmentierung ein.

Aufgabe 10

Marktsegmentierung

a) Nennen Sie drei Marktsegmentierungskriterien und geben Sie für jedes Kriterium drei Beispiele an.

b) Schildern Sie den Ablauf einer Marktsegmentierung.

Aufgabe 11

Key-Account-Management

Definieren Sie, was unter einem Key-Account-Management zu verstehen ist

Aufgabe 12

Category-Management

Im Handel nimmt das „Warengruppenmanagement" (Category-Management) eine immer stärkere Bedeutung ein.

Definieren Sie, was darunter zu verstehen ist. Gehen Sie weiter auf die verschiedenen Phasen des CM-Prozesses ein.

Aufgabe 13

Absatzbindung

Die beiden großen Felder der Distributionspolitik sind der direkte und der indirekte Vertrieb.

Stellen Sie diese beiden Segmente gegenüber und nennen Sie je zwei Vor- und Nachteile dieser Distributionsmöglichkeit.

Aufgabe 14

Absatzbindung

Die horizontale Absatzkanalstruktur unterscheidet drei Arten von Vertrieb, den Selektiv-Vertrieb, den Exklusiv-Vertrieb und die Ubiquität.

Erläutern Sie, was unter diesen speziellen Arten des Vertriebs zu verstehen ist.

Aufgabe 15

Herstellermarken - Handelsmarken

Innerhalb der Markenpolitik werden Herstellermarken und Handelsmarken unterschieden.

Grenzen Sie beide Begriffe voneinander ab und nennen Sie zwei Beispiele für jede Markengattung.

Aufgabe 16

Markenstrategien

Innerhalb der Herstellermarken lassen sich mehrere Markenstrategien unterscheiden.

Nennen und erklären Sie diese Markenstrategien und geben Sie für jede ein Beispiel an.

Aufgabe 17

Scoring-Modelle

Nennen und erklären Sie verschiedene Scoring-Modelle anhand folgender Kriterien:

- Lieferanten-Anzahl
- Herkunft der Lieferanten
- Anzahl der einzelnen Bauteile
- Einzeln oder gemeinsam einkaufen

Aufgabe 18

Der ständige Wandel der Angebotspolitik hat auch unmittelbaren Einfluss auf die Programmentwicklung eines Unternehmens. Grenzen Sie folgende Begriffe voneinander ab.

- Produktdifferenzierung
- Produktvariation
- Produktneuheit
- Produktdiversifikation
- Produkteliminierung

Aufgabe 19

Kundenlaufstudie

Erklären Sie den Begriff der "Kundenlaufstudie". Gehen Sie weiterhin auf den Begriff der „Bondatenanalyse" ein.

Aufgabe 20

Ergebnisse aus Kundenlaufstudien

Nennen Sie drei Ergebnisse, die aus Kundenlaufstudien gewonnen werden.

Aufgabe 21

Verkaufsflächen

Die Verkaufsflächengestaltung sollte im Handel so vorgenommen werden, dass der Kunde das Einkaufen erleichtert wird. Erklären Sie hierzu drei Warenanordnungen.

Aufgabe 22

Verkaufsflächen

Erklären Sie, was man unter dem „Arena-Prinzip" versteht. Gehen Sie weiter auf die Begriffe „Zweitplatzierung" und „Aktionsplatzierung" ein.

Aufgabe 23

Warenpräsentation

„Das Auge kauft mit"! Je nach Betriebsform ist es mit einer schlichten Warenpräsentation heutzutage nicht mehr getan. Der Kunde will animiert und unterhalten werden. Nennen Sie vier Gestaltungsmittel einer Warenpräsentation, die den Kunden positiv beeinflusst.

Aufgabe 24

Verkaufsraumgestaltung

Legen Sie drei Entscheidungsgrundlagen fest, nach denen Verkaufsräume gestaltet werden können. Gehen Sie weiterhin auf drei externe Einflüsse zur Verkaufsraumgestaltung ein und nennen Sie drei Funktionen eines Warenträgers.

Aufgabe 25

Visual Merchandising

Fühlt sich der Kunde in der Einkaufstätte wohl, steigt in der Regel auch die Kundenbindung und die Kaufbereitschaft. Erläutern Sie zwei unterschiedliche Ansätze des Visual Merchandising.

Aufgabe 26

Shop in Shop

Die Herausforderungen im Handel alleine zu bewältigen ist nicht mehr zeitgemäß. Viele Handelsunternehmen arbeiten auf der Fläche unmittelbar mit der Industrie zusammen. Erklären Sie in diesem Zusammenhang das „Shop in Shop- System".

Aufgabe 27

Optimierung von Flächen

Stellen Sie zwei Kennzahlen zur Optimierung der Fläche dar.

Aufgabe 28

Custom-Relationship-Management

Folgende Instrumente werden Ihnen in der Klausur genannt und Sie sollen diese dem entsprechenden Oberbegriff zuordnen.

- Reklamationsmanagement
- persönliche, individuelle Werbung
- Kundenkarte

Wählen Sie den passenden Oberbegriff aus:

- Category- Management
- Customer-Relationship-Management
- Yield-Management

Aufgabe 29

Multi-Channel

Erläutern Sie, was man unter „Multi-Channel" versteht.

Aufgabe 30

Beschwerdemanagement

Innerhalb des Beschwerdemanagements wird zwischen direktem und indirektem Beschwerdemanagement unterschieden. Erklären Sie kurz, was darunter zu verstehen ist und nennen Sie drei Beispiele für direktes Beschwerdemanagement.

Aufgabe 31

Verbesserung der Prozessqualität

Dem Handel stehen zahlreiche Möglichkeiten die Kommunikation mit dem Kunden zu verbessern offen. Erläutern Sie drei mögliche Szenarien die Kommunikationswege zum Kunden und damit die Prozessqualität zu verbessern.

Aufgabe 32

Category-Management

Erläutern Sie drei Möglichkeiten die Prozesse im Category-Management im Unternehmen zu optimieren.

Aufgabe 33

Preispolitik

Um sich am Markt mit einer erfolgreichen Preispolitik zu etablieren, stehen den Unternehmen mehrere Optionen zur Verfügung. Unter anderem zählen auch die „Skimming-Strategie" und die „Penetrations-Strategie" dazu. Stellen Sie beide Strategiearten gegenüber und führen Sie je ein Beispiel an, bei dem der Einsatz der Strategie sinnvoll erscheint.

Aufgabe 34

Preispolitik

Innerhalb der Preispolitik wird zwischen der „Konkurrenzorientierten Preispolitik", der „Kostenorientierten Preispolitik" und der „Nachfrageorientierten Preispolitik" differenziert. Grenzen Sie die drei Begriffe kurz voneinander ab.

Aufgabe 35

Preispolitik

Ihr Kommilitone Michael M. hat immer noch Schwierigkeiten mit der Preispolitik. Er kann sich den Unterschied zwischen einer Preisvariation und einer Preisdifferenzierung einfach nicht merken. Helfen Sie ihm.

Aufgabe 36

Preispolitik

Nennen Sie die drei Preislagenstrategien.

Aufgabe 37

Preispolitik

Definieren Sie, was man unter einer psychologischen Preisgestaltung versteht und erklären Sie den Sachverhalt anhand eines konkreten Beispiels.

Aufgabe 38

Kulanz

Definieren Sie, was unter dem Begriff der Kulanz zu verstehen ist.

Aufgabe 39

Lieferbedingungen

Nennen Sie zwei Inhalte von Lieferungs- und Zahlungsbedingungen.

Aufgabe 40

Preis- und Konditionenpolitik

Die Preis- und Konditionenpolitik ist eines der wichtigsten Instrumente, um die Kaufentscheidung des Kunden zu beeinflussen, aber es sind nicht die einzigen Entscheidungskriterien. Nennen Sie drei weitere Entscheidungskriterien des Kunden, die in Verbindung mit der Preis- und Konditionenpolitik stehen.

Lösungshinweise

Lösung 1

Zu den **Einflussfaktoren** bei der Wahl der passenden Vertriebsstrategie gehören u.a.:

- wettbewerbsbezogene Faktoren (Anzahl der Wettbewerber)
- sortimentsbezogene Faktoren (Gebrauchs- oder Verbrauchsgüter)
- kundenbezogene Faktoren (Zielgruppe)
- rechtliche Faktoren (Gesetze)
- wirtschaftliche Faktoren (Kaufkraft)

Lösung 2

GWF = Gewichtungsfaktor, PS = Punktsumme, K = Kunde,

Kriterien	GWF	K1	GWF x PS	K2	GWF x PS	K3	GWF x PS
Qualität der Produkte	0,9	6	5,4	5	4,5	7	6,3
Image des Händlers	0,6	8	4,8	6	3,6	7	4,2
Preis-L-verhältnis	0,7	2	1,4	7	4,9	3	2,1
Freund-lichkeit	0,7	3	2,1	4	2,8	2	1,4
Summe			13,70		15,80		14,00
Rangfolge			3		1		2

Somit ist der Lieferant mit der höchsten Punktzahl, hier Lieferant 2, zu bevorzugen.

Lösung 3

Artikel	Menge	Preis	Wert in €	%- Anteil	Rang	Artikel	% kumuliert	A,B,C-Artikel
R	7.000	2,56 €	17.920,00	16,27%	1	V	22,44%	A
S	6.000	1,88 €	11.280,00	10,24%	2	U	43,07%	A
T	5.000	3,27 €	16.350,00	14,84%	3	R	59,34%	A
U	4.000	5,68 €	22.720,00	20,63%	4	T	74,18%	B
V	3.000	8,24 €	24.720,00	22,44%	5	S	84,42%	B
W	2.000	4,96 €	9.920,00	9,01%	6	W	93,43%	C
X	1.000	7,24 €	7.240,00	6,57%	7	X	100,00%	C
Summe			110.150,00	100,00%			100,00%	

Lösung 4

Franchising: Franchise stellt eine vertragliche Kooperation zwischen dem Franchisegeber und dem Franchisenehmer dar. Der Franchisenehmer erwirbt gegen Zahlung einer monatlichen Gebühr das Recht das Konzept des Franchisegebers zu nutzen. Beispiel für ein erfolgreiches Franchisekonzept ist McDonalds.

Lösung 5

Zu den vertikalen Kooperationsformen zählen u.a.:

Franchising: Franchise stellt eine vertragliche Kooperation zwischen dem Franchisegeber und dem Franchisenehmer dar. Der Franchisenehmer erwirbt gegen Zahlung einer monatlichen Gebühr das Recht das Konzept des Franchisegebers zu nutzen. Beispiel für ein erfolgreiches Franchisekonzept ist McDonalds.

Einkaufsgemeinschaften: Einkaufsgemeinschaften sind Kooperationen von rechtlich selbstständigen Unternehmen, die sich zwecks Volumenerhöhung bzgl. des Einkaufs zusammentun, um bessere Einkaufskonditionen zu erzielen. Beispiel für Einkaufsgemeinschaften im Handel ist die Markant in Offenburg. Zu Beginn der Einkaufsgemeinschaften handelte es sich um eine reine horizontale Kooperation, die aber durch die Mitgliedschaften von Großhändlern zu einer vertikalen Einkaufsgemeinschaft wurden.

Zu den horizontalen Kooperationsformen zählen u.a.:

Werbegemeinschaften: Bei einer Werbegemeinschaft handelt es sich um eine horizontale Kooperationsform, in der sich Unternehmen gleicher Branche zusammenschließen, um gemeinsam Werbung zu betreiben und damit günstigere Werbekosten für jedes Unternehmen zu generieren und ein breiteres Publikum (Kunden) ansprechen zu können.

City-Management: Bei einem City-Management handelt sich um eine horizontale Kooperation, bei der sich mehrere Einzelhändler zusammentun, um den Standort gemeinsam zu fördern und durch attraktive Events Kunden an den Standort zu holen (einheitliche Öffnungszeiten, Tag der offenen Tür...).

Lösung 6

Cross-Channel-Strategie:

Cross-Channel ist eine Variation, bzw. Erweiterung der Multi-Channel-Strategie, indem die unterschiedlichen Vertriebswege miteinander verknüpft werden.

Omni-Channel-Strategie:

Die Weiterentwicklung der Cross-Channel-Strategie ist die Omni-Channel-Strategie, bei der durch sogenannte „Touchpoints" die einzelnen Vertriebskanäle ineinander verschmelzen.

Lösung 7

Unter dem **CRM-System (Customer-Relationship-Management)** wird ein Kundenbindungssystem verstanden, in dem die Daten der Kunden erfasst und für Kundenbindungsmaßnahmen genutzt werden. Hierzu zählen ein Beschwerdemanagement, Bonuskarten, Geburtstagsglückwünsche oder eine Kundenkarte für verbilligte Einkäufe.

Instrumente des CRM sind u.a.:

- Kundenkarte
- Geburtstagsglückwünsche
- VIP-Prozente
- Beschwerdemanagement
- ...

Lösung 8

Unter den Buchstaben USP wir die „**Unique Selling Proposition**" das sogenannte Alleinstellungsmerkmal verstanden.

<u>Ziele des USP sind u.a.:</u>

- Abheben vom Wettbewerb (etwas Besonderes haben, was andere nicht oder nicht in der entsprechenden Ausprägung haben)

- Imagesteigerung

- Kundenbindung

- ...

Lösung 9

Unter einer **Marktsegmentierung** versteht man die Zerlegung eines heterogenen Gesamtmarktes in homogene Teilmärkte.

Marktbearbeitungsstrategie = Marktsegmentierungsstrategie

Differenzierte Marktbearbeitungsstrategie = Aufteilung des Gesamtmarktes in Teilmärkte und Anwendung der angepassten Marketing-Mix Instrumente auf die unterschiedlichen Teilmärkte.

Undifferenzierte Marktbearbeitungsstrategie = keine Aufteilung des Gesamtmarktes in Teilmärkte. Die Anwendung der Marketing-Mix Instrumente erfolgt für den Gesamtmarkt und enthält keine Spezifizierung.

Konzentrierte Marktbearbeitungsstrategie = Aufteilung des Gesamtmarktes in Teilmärkte und Anwendung der Marketing-Mix Instrumente auf nur ein einziges Marktsegment (Nischenstrategie).

Lösung 10

zu a) Segmentierungskriterien

<u>soziodemografisch:</u> Alter, Geschlecht, Einkommen Beruf, Familienstand...

<u>geografisch:</u> regional, überregional, national, international, global.

<u>Psychografisch:</u>

Persönlichkeitsstruktur: Risikobereitschaft, Innovationsaffinität...

Kaufverhalten: Kaufkraft, Markentreue...

Kaufverhaltensreaktion: Qualitätsbewusstsein, Preissensibilität...

zu b) Ablauf der Marktsegmentierung

Die Marktsegmentierung läuft in drei Stufen ab:

1. Festlegung der einzelnen Segmente.

2. Auswahl der zu bearbeitenden Segmente.

3. Anpassung der Marketing-Instrumente auf das jeweilige zu bearbeitende Segment.

Lösung 11

Das **Key-Account-Management** beschäftigt sich in seiner Gänze mit für das Unternehmen wichtigen Kunden (Schlüsselkunden = key). Hier wird auf eine langfristige Zusammenarbeit Wert gelegt.

Lösung 12

Unter dem Begriff des **Category-Managements** wir die Struktur der Einkaufsstätte nach Warenbereichen verstanden. Hier werden also sinnvolle Sortimente aufgestellt und analysiert. Das Category-Management ist aber nicht nur allein Aufgabe des Handels, der Hersteller hat ebenfalls großes Interesse an einem erfolgreichen Warengruppenmanagement. Category-Manager beschäftigen sich mit der Schnittstelle des Handels und der Hersteller, um eine erfolgreiche Sortimentspolitik zu betrieben. Hierbei werden Sortimente nach den Bedürfnissen der Kunden zusammengestellt und im Handel vermarktet.

Es werden weiterhin Strategien für die Zusammensetzung der Sortimente entwickelt und affine Warengruppen zusammengefügt. So werden neben Konserven auch Haushaltshelfer (Dosenöffner...) platziert oder neben Fitnessgeräten auch Energie-Produkte (Energy-Nahrung, Energy-Getränke...) präsentiert.

Die Phasen des CM-Prozesses lauten:

1. Definition der Warengruppe.
2. Präsentation der Sortimente aus der Warengruppe.
3. Wirtschaftlichkeit der Warengruppe (Umsatz, Deckungsbeitrag, Gewinn).
4. Festlegung der Warengruppenstrategie.
5. Umsetzung der vereinbarten Maßnahmen zwischen Hersteller und Handel.
6. Kontrolle der Umsetzung und des Erfolgs.

Lösung 13

Von einem **direkten Vertrieb** spricht man, wenn zwischen Hersteller und Endverbraucher niemand mehr dazwischengeschaltet ist, d.h. es besteht ein direkter Kontakt des Herstellers zum Kunden. Beispiel des direkten Vertriebs sind der Handelsreisende, das Factory-Outlet oder die hauseigene Messe.

Vorteile des direkten Vertriebs:

- direkter Kontakt zum Kunden und somit eine direkte Aufnahme der Kundenwünsche,
- freie Preisgestaltung,

Nachteile des direkten Vertriebs:

- sehr zeitaufwendig,

- sehr kostenintensiv,

- kaum überregionale oder internationale Abdeckung des Marktes möglich,

Beim **indirekten Vertrieb** sind bewusst sogenannte Absatzmittler (Einzel- und Großhandel) oder Absatzhelfer (Handelsvertreter) zwischen den Hersteller und den Kunden geschaltet. Es besteht somit, gewollt, kein direkter Kontakt mit dem Kunden.

Vorteile des indirekten Vertriebs:

- Ubiquität,

- kaum organisatorischer Aufwand,

- wenig zeitintensiv,

Nachteile des indirekten Vertriebs:

- kein direkter Kundenkontakt,

- kaum Einfluss auf die Preisgestaltung des Händlers,

Lösung 14

Selektiv-Vertrieb:

Die Auswahl der Vertriebsstätte erfolgt anhand verschiedener Kriterien (Größe der Fläche, Personal vor Ort, restliche Sortimentsstruktur etc.)

Exklusiv-Vertrieb:

Die Auswahl der Vertriebsstätte wird an verschiedene Kriterien geknüpft, die vom Anspruch her deutlich höher sind, als beim Selektiv-Vertrieb. Hierzu zählen: ausgebildetes Fachpersonal, sehr gute Lage des Geschäfts etc. Der Exklusivvertrieb findet sehr häufig im Luxussegment Anwendung.

Ubiquität:

Massendistribution, die Produkte des Herstellers sind überall erhältlich.

Lösung 15

Bei **Herstellermarken** handelt es sich um die klassischen Marken von Unternehmen, die sich durch ein eher hohes Preisniveau, einen hohen Bekanntheitsgrad, eine Überallerhältlichkeit (Ubiquität) und das Logo des Herstellers auszeichnen. Beispiele für die Herstellermarken: Coca-Cola, Mars, Persil...

Die **Handelsmarke** (Eigenmarke) hingegen weist folgende Eigenschaften auf:

- sie sind ausschließlich beim jeweiligen Händler erwerbbar, also keine Ubiquität,

- Qualitätskontrolle erfolgt nur über den Händler,

- freie Preisgestaltung des Händlers, da kein Wettbewerb,

- ...

Beispiele für die Handelsmarken: „Ja" bei Rewe, „TIP" bei Real, „Gut und günstig" bei Edeka...

Lösung 16

Einzelmarkenstrategie:

Jedes Produkt des Herstellers wird unter einer eigenen Marke angeboten. Beispiel: Pampers

Mehrmarkenstrategie:

Bei der Mehrmarkenstrategie werden mehrere (mindestens zwei) Produkte (Marken) vom Hersteller in einem Marktsegment positioniert. Beispiel: Lätta & Rama oder Chantre & Mariacron

Dachmarkenstrategie:

Bei der Dachmarkenstrategie ist das Unternehmen selbst eine Marke und die einzelnen Produkte des Unternehmens (jedes Produkt für sich kann eine Marke sein) werden unter der Dachmarke des Unternehmens zusammengefasst. Beispiel: Volkswagen, Ratiopharm

Familienmarkenstrategie:

Bei der Familienmarke werden die einzelnen Produkte unter dem Familiennamen angeboten. Das Unternehmen bleibt eher im Hintergrund. Beispiel: Nivea von Beiersdorf oder Milka, Toblerone, etc. von der Firma Mondelez

Lösung 17

Lieferanten-Anzahl:

- Single-Sourcing (die notwendigen Komponenten werden bei einem Lieferanten bezogen)

- Double-Sourcing (die notwendigen Komponenten werden bei zwei Lieferanten bezogen, die sich im Konkurrenzkampf befinden)

- Multiple-Sourcing (die notwendigen Komponenten werden bei mehreren Lieferanten bezogen, was einen ständigen Lieferantenwechsel mit sich bringt)

Herkunft der Lieferanten:

- Local-Sourcing (die notwendigen Komponenten werden in der eigenen Region eingekauft)

- Domestic-Sourcing (die notwendigen Komponenten werden landesweit eingekauft)

- Global-Sourcing (die notwendigen Komponenten werden weltweit eingekauft)

Anzahl der einzelnen Bauteile:

- Unit-Sourcing (die benötigten Komponenten werden von unterschiedlichen Lieferanten bezogen und anschließend im eigenen Unternehmen zum Endprodukt zusammengebaut)

- Modular-Sourcing (die benötigten Komponenten werden als Module bei wenigen Lieferanten bezogen und anschließend im eigenen Unternehmen zum Endprodukt zusammengebaut)

Einzeln oder gemeinsam einkaufen:

- Individual-Sourcing (die benötigten Komponenten werden vom Unternehmen im Alleingang am Beschaffungsmarkt erworben, d.h. es erfolgt eine eigenverantwortliche Beschaffung)

- Collective Sourcing (die benötigten Komponenten werden vom Unternehmen im Verbund mit anderen Unternehmen am Beschaffungsmarkt erworben, d.h. es erfolgt eine gemeinschaftliche Beschaffung)

Lösung 18

Produktdifferenzierung:

Bei der Produktdifferenzierung erfolgt die Erweiterung des Sortimentes. Beispielsweise wird zu dem bestehenden Sortiment von Deo-Sticks noch die Duftrichtung „Ultra Frisch" hinzugenommen.

Produktvariation:

Bei der Produktvariation hingegen wird das bestehende, vielleicht veraltete Produkt, aus dem Sortiment entfernt und durch ein neues, aktuelles Produkt ersetzt. Beispiel: Der Deo-Stick „Herbst" wird durch den Deo-Stick „Sommerfrische" ersetzt.

Produktneuheit:

Man spricht von einer Produktneuheit oder auch von einer Produktinnovation, wenn es sich entweder um ein neues Produkt handelt, welches zum ersten Mal auf dem Markt angeboten wird, wie damals bei der Erst-Präsentation des Smartphones oder um die Einführung eines Produktes, welches nur für das Unternehmen neu ist, dieses Produkt aber bereits auf dem Gesamtmarkt existiert. Beispielsweise die Vermarktung von Abenteuer-Textilien unter der Zigarettenmarke „Camel".

Produktdiversifikation:

Als Produktdiversifikation gilt die Erweiterung des eigenen Sortimentes zur Erschließung neuer Märkte. Bei der Produktdiversifikation werden die horizontale (Produkte der gleichen Stufe), die vertikale (Produkte, die entweder vor- oder nachgelagert sind) und die laterale (Produkte, die nichts miteinander zu tun haben) Form unterschieden.

Produkteliminierung:

Unter einer Produkteliminierung versteht man die Anpassung des Produktportfolios und die damit verbundene Reduzierung der Artikel. Gründe für die Reduzierung können nicht mehr marktgerechte Produkte oder ein zu breit aufgestelltes Sortiment sein.

Die beiden Begriffe „Produktdifferenzierung" und „Produktvariation" werden im allgemeinen Sprachgebrauch als Synonyme verwendet, in der Definition gibt es aber Unterschiede - aufpassen!

Lösung 19

Bei der **Kundenlaufstudie** handelt es sich um eine Form der Beobachtung (primäre Marktforschung), wie der Kunde die Warenbereiche auf seinem Weg durch den Verkauf kontaktiert, d.h. welcher Gang wird stark und welcher Gang weniger frequentiert. Es wird der Laufweg des Kunden analysiert.

Eine **Bondatenanalyse** ist eine Warenkorbanalyse, der der untersucht wird, welche Artikel der Kunde gekauft hat (in seinem Warenkorb hat).

Lösung 20

Ergebnisse, die aus einer Kundenlaufstudie gewonnen werden können sind u.a.:

- Anordnung der Waren
- Festlegung der Wegeführung
- Festlegung der Ware auf Gondelköpfen
- Platzierung der Key-Sortimente (im Lebensmitteleinzelhandel: Obst & Gemüse, Theken, Molkereiprodukte, H-Milch...)

Lösung 21

Drei Formen der Warenanordnung können sein:

1. **Warenanordnung mit der Möglichkeit der Vergleichbarkeit:** Ähnliche Produkte oder Produktgruppen werden nebeneinander platziert.

2. **Warenanordnung mit einfachem Suchaufwand:** Die einzelnen Artikel werden so angeordnet, dass der Kunde diese direkt findet. Hierzu zählt die übersichtliche und logische Anordnung der Produkte.

3. **Warenanordnung für einfaches Einkaufen:** Dem Kunden wird das Einkaufen erleichtert, wenn Wartezeiten möglichst kurzgehalten werden und breite Gänge ohne Hindernisse (Paletten) das „Rangieren" mit dem Einkaufswagen ohne Hindernisse möglich ist.

Lösung 22

Unter dem **Arena-Prinzip** versteht man eine Form der Warenanordnung, bei der die Aufbauten vorne (zum Gang hin) flachgehalten werden und nach hinten ansteigen. Am Ende der Warenanordnung, nach dem Arena-Prinzip, werden die Rückwände mit den Produkten gefüllt.

Zweitplatzierung:

Artikel werden neben ihrem angestammten Platz im Sortiment, in einem anderen Bereich „zweitplatziert", um dort Umsätze zu generieren. Beispiel: Energy-Drinks werden bei den Fitnessgeräten platziert.

Aktionsplatzierung:

Artikel werden für ein für einen begrenzten Zeitraum (Aktionswoche) auf einer gesonderten Fläche (Aktionsfläche) präsentiert, meist in Verbindung mit einer dementsprechenden Werbung.

Lösung 23

Zu den Gestaltungselementen einer erfolgreichen Warenpräsentation gehören:

- angenehme Temperatur

- wohlklingende, zu dem Sortiment passende Musik

- ansprechende Farbgestaltung

- wohlriechende Düfte

- passendes Licht, fokussiert auf die Ware, optimale Ausleuchtung der Fläche

- funktionelle, moderne Warenträger

- ...

Lösung 24

Entscheidungsgrundlagen:

1. Platzierung: Wo wird was platziert?
2. Regalierung: Wer bekommt welchen Regalplatz?
3. Fläche: Welcher Warenbereich bekommt welche Fläche?

Drei externe Einflüsse zur Verkaufsraumgestaltung können sein:

1. Lieferantenerwartungen.
2. Kundenerwartungen.
3. Verkaufsraumgestaltung des Wettbewerbs.

Funktionen eines Warenträgers:

1. Lagerfunktion.
2. Präsentationsfunktion.
3. Informationsfunktion

Weitere Aufgaben zum Handelsfachwirt finden Sie unter www.klausura.de.

Lösung 25

Für das Gestalten des Verkaufsraumes (Visual Merchandising) existieren mehrere Ansätze:

- Gestalten des Verkaufsraumes nach Themen (Weihnachten, Oktoberfest…)
- Gestalten des Verkaufsraumes nach Kundenbedürfnissen
- Gestalten des Verkaufsraumes nach Farben
- Gestalten des Verkaufsraumes nach Sinnen (olfaktorisch, haptisch, auditiv und visuell)
- …

Lösung 26

Shop in Shop-System: Unter einem Shop in Shop-System versteht man einen durch moderne Warenträger abgegrenzten Raum, in dem die Industrie das eigene Konzept auf der Fläche des Händlers umsetzt. Beispiele hierfür sind Esprit-Shops, Adidas-Stores, Fissler- oder WMF-Shops.

Lösung 27

Kennzahlen zur Flächenoptimierung können sein:

- Umsatz pro Quadratmeter

- Deckungsbeitrag pro Quadratmeter

Lösung 28

Customer-Relationship-Management

Lösung 29

Multi-Channel: Multi-Channel ist der Vertrieb an Endkunden unter Nutzung mehrerer Vertriebswege, beispielsweise die Verbindung zwischen stationärem Handel und einem Online-Shop.

Lösung 30

Direktes Beschwerdemanagement: Die Beschwerde erfolgt unmittelbar zwischen Händler und Kunde.

Beispiele:

- unmittelbar beim Mitarbeiter

- unmittelbar bei der Geschäftsleitung

- direkt über das Kundencenter

- direkt bei der Reklamationsabteilung

- ...

Indirektes Beschwerdemanagement: Bei indirekten Beschwerdemanagement erfolgt kein direkter Kontakt zum Kunden.

Lösung 31

Folgende Möglichkeiten stehen dem Handel u.a. zur Verfügung:

1. **Homepage:** Die Homepage des Handelsunternehmens bietet zahlreiche Informationen, zusätzlich zum Sortiment, wie beispielsweise Herkunftsland der Artikel, Produktionsstandards oder Informationen zum Thema Fair-Trade an.

2. **Newsletter:** Das Handelsunternehmen veröffentlicht monatlich einen Newsletter, in diesem wird über aktuelle Themen, rund um den Handel, informiert.

3. **Social Media:** Das Handelsunternehmen bietet über soziale Medien (Facebook, WhatsApp...) dem Kunden die Möglichkeit mit dem Unternehmen unmittelbar in Kontakt zu treten.

4. **Hotline:** In dringenden Fällen kann sich der Kunde direkt und kostenlos (so sollte es sein) an das Unternehmen wenden und erhält Antworten und Lösungen zu seinen Problemen.

Lösung 32

Das Handelsunternehmen kann durch folgende Maßnahmen die Prozesse im Category-Management optimieren.

1. **Optimierung der Kundenbedürfnisse** durch den Handel und den Hersteller.

2. **Verstärkung des Erlebniseffektes** beim Einkauf durch den Kunden durch Bereitstellung von Eventutensilien durch den Hersteller und zielgerichtete Umsetzung durch den Handel.

3. **Stärkeres Herausstellen der Zusammenarbeit von Hersteller und Handel** bei der Vermarktung der Produkte und der Durchführung der gemeinsamen Aktivitäten.

4. **Ausbau der gemeinsamen Saisonaktivitäten** durch die Festlegung eines gemeinsamen Aktivitäten-Planes.

5. **Gemeinsame Optimierung bei erklärungsbedürftigen Produkten**, um Reklamationen zu minimieren.

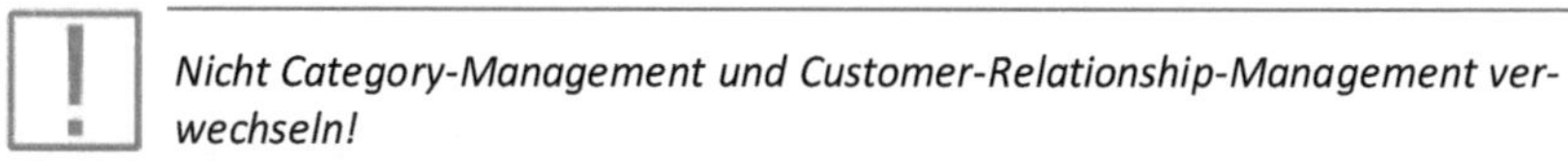

Nicht Category-Management und Customer-Relationship-Management verwechseln!

Lösung 33

Skimming-Strategie: Die Skimming-Strategie setzt bei Markteinführung des Produktes einen hohen Preis an, der nach einer gewissen Zeit sukzessiv gesenkt wird. Das Ziel dieser Preisstrategie besteht darin die hohen Entwicklungskosten zumindest teilweise durch die hohen Verkaufspreise am Anfang wieder zu verdienen. Beispiel: Verkauf von Elektronik-Artikeln

Penetrationsstrategie: Die Penetrationsstrategie setzt auf den gegenteiligen Effekt. Hier wird der Einführungspreis möglichst niedrig angesetzt, um Marktanteile zu gewinnen. Später wird der Verkaufspreis dann sukzessive angehoben. Beispiel: Sammlereffekt, die ersten Modellbauteile werden mit der entsprechenden Zeitschrift sehr günstig angeboten, aber nach dem zweiten oder dritten Modellbauteil wird der Preis deutlich erhöht.

Lösung 34

Konkurrenzorientierte Preispolitik: Die Verkaufspreise orientieren sich an den verlangten Verkaufserlösen des Wettbewerbs.

Kostenorientierte Preispolitik: Die Verkaufspreise orientieren sich an der eigenen Kostenstruktur (klassische Kalkulation mit Voll- und Teilkostenrechnung).

Nachfrageorientierte Preispolitik: Die Verkaufspreise orientieren sich an den Kundenvorstellungen, bzw. an der Kundennachfrage.

Lösung 35

Preisvariation: Bei einer Preisvariation handelt es sich um eine Preissenkung oder eine Preisanhebung, mit der Intention den neuen Preis für einen gewissen Zeitraum beizubehalten (Happy Hour).

Preisdifferenzierung: Die Preisdifferenzierung bezieht sich auf unterschiedliche Preise für das gleiche Produkt. Hierbei können verschiedene Arten der Preisdifferenzierung unterschieden werden:

- <u>Zeitliche Preisdifferenzierung:</u> Preise für einen Sommerurlaub in der Hauptreisezeit und Preise für eine Urlaubsreise an den gleichen Ort, außerhalb der Ferienzeiten.

- <u>Räumliche Preisdifferenzierung:</u> Eine Eigentumswohnung in New York ist teurer, als eine Eigentumswohnung in der Lüneburger Heide.

- <u>Mengenmäßige Preisdifferenzierung:</u> Unterschiedliche Stückpreise bei unterschiedlichen Abnahmemengen.

- <u>Persönliche Preisdifferenzierung:</u> Rentnerrabatte, Schülerermäßigung, Familienrabatte…, beispielsweise bei Preisen für Eintrittskarten in Ferienpark.

Preisvariation und Preisdifferenzierung vermischen sich auch häufig, so dass eine klare Unterscheidung nicht immer möglich ist

Lösung 36

Preislagenstrategien sind:
- Hochpreisstrategie
- Mittelpreisstrategie
- Niedrigpreisstrategie

Lösung 37

Unter einer **psychologischen Preisgestaltung** versteht man die bewusste Unterschreitung von Preisschwellen. Beispiel: Anstelle eines Verkaufspreises von 10,00€ wir der Preis auf 9,99€ festgelegt, um zu generieren, dass der Artikel unter 10,00€ kostet, was eher zum Kauf anregt, als 10,00€ oder 10,01€, obwohl der Preis nur um 2 Cent höher ist.

Lösung 38

Unter **Kulanz** versteht man das freiwillige Entgegenkommen des Händlers gegenüber dem Kunden, wenn es um Beanstandungen des Kunden geht.

Lösung 39

Lieferungs- und Zahlungsbedingungen sind u.a.:

- Lieferung frei Haus
- Zahlungsziel gegenüber dem Kunden
- Lieferantenziel gegenüber dem Kunden
- Gewähren von Skonto
- Eigentumsvorbehalt, bis die Gesamtlieferung bezahlt ist

Lösung 40

Kriterien zur Kaufentscheidung in Verbindung mit der Preis- und Konditionenpolitik:

- Service
- Liefertreue
- Garantieleistungen
- Zuverlässigkeit
- hohe Qualität der Produkte
- …

DISCLAIMER

Die Inhalte dieses Buches wurden mit größtmöglicher Sorgfalt erstellt. Der Autor übernimmt jedoch keinerlei Gewähr für die Vollständigkeit der bereitgestellten Informationen. Haftungsansprüche gegen den Autor, welche sich auf Schäden materieller oder ideeller Art beziehen, die durch die Nutzung oder Nichtnutzung der dargebotenen Informationen bzw. durch die Nutzung fehlerhafter und unvollständiger Informationen verursacht wurden, sind grundsätzlich ausgeschlossen, sofern nicht durch den Leser ein grob fahrlässiges Verschulden des Autors nachgewiesen werden kann.

Alle hier aufgeführten Namen, Warenzeichen sind Eigentum des jeweiligen Herstellers, des jeweiligen Unternehmens und dienen lediglich dem Inhalt des Textes als Beispiel. Sofern Teile oder einzelne Formulierungen dieses Textes der geltenden Rechtslage nicht, nicht mehr oder nicht vollständig entsprechen sollten, bleiben die übrigen Teile des Dokumentes in ihrem Inhalt und ihrer Gültigkeit davon unberührt.